KB248326

하늘을 날고 싶어요

2019년 12월 15일 초판 1쇄 발행 | 2024년 9월 30일 개정증보판 9쇄 발행

전자책 ISBN 978-89-6413-427-6

발행인 최종일 **발행처** (주)아이코닉스 **기획** 키즈아이콘
총괄책임 서현수 **편집책임** 박정은 **편집** 장보원 조윤수 김예진 이유진
디자인책임 이순영 **디자인** 김미선 권혜원 경희정 **3D제작** 스튜디오 게일
제작책임 신초희 **제작관리** 이수란 김미래 김세미
마케팅책임 김미경 **마케팅** 이창열 서연지 심동수 이경재 이미나 지승한 송호성 **E-Book** 김지현
주소 경기도 성남시 분당구 판교로 255번길 64 **고객 센터** 1566-0855
출판등록 2008년 11월 4일(제 2014-000009호) **홈페이지** www.iconix.co.kr
뽀롱뽀롱 뽀로로 ⓒICONIX/OCON/EBS/SKbroadband

뽀로로 동화책 시리즈는 E-BOOK, AUDIOBOOK으로도 만나 보실 수 있습니다. E-BOOK과 AUDIOBOOK은 〈교보 ebook〉, 〈네이버 오디오클립〉 등에서 검색해 보세요.

하늘을 날고 싶어요

키즈아이콘

화창한 아침, 뽀로로와 크롱이 책을 읽고 있어요.
"크롱! 새들은 날개를 파닥거려서 하늘을 난대."
"정말, 크롱?"

"새처럼 하늘을 날면 얼마나 좋을까?
구름 사이를 날면 진짜 진짜 재미있을 텐데!
나도 하늘을 날아 보고 싶어!"

크롱!

뽀로로는 언덕 위로 올라갔어요.
두 팔에는 나무판자로 만든 날개도 달았어요.
"이것 봐. 진짜 새 날개처럼 멋지지?"

"그럼 간다!"

"어? 떴다, 떴어!
하하하."

뽀로로의 나무판자로 만든
날개가 부러졌어요.

뽀로로는 눈밭으로 곤두박질쳤어요.

뽀로로의 비명을 듣고
에디가 달려왔어요.
"뽀로로, 괜찮아?"
"난 괜찮아……."

“하늘을 날고 싶은데……. 어떻게 하면 될까?”
“그거야 어렵지 않지! 에디 님의 슈퍼 로켓만 있다면 말이야!”
“슈퍼 로켓?”
“기다려 봐.”

다음 날, 에디의 슈퍼 로켓이 준비됐어요.
"뽀로로, 로켓에 타 봐."
뽀로로는 로켓에 올라 손잡이를 꽉 잡았어요.

"준비 완료!"

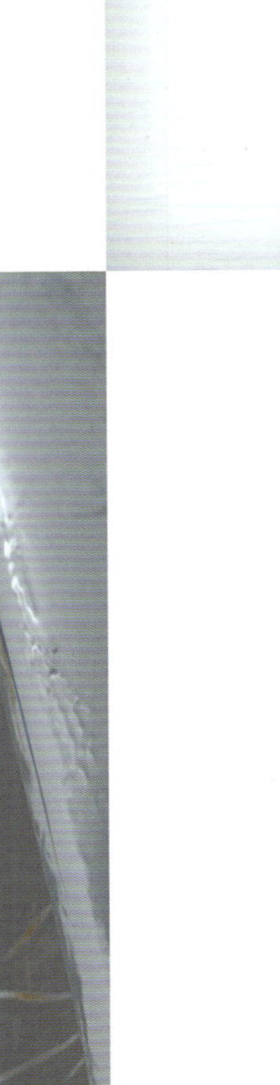

에디가 로켓 장치에 불을 붙이자
로켓이 슈웅 날아올랐어요.

슝~

뽀로로가 로켓을 타고
하늘 높이 날아갔어요.

"야호, 신난다!
내가 하늘을 날고 있어."

그런데 갑자기
로켓에서 까만 연기가
뿜어져 나오기 시작했어요.

"어어, 왜 이러지?
안 돼!"

뽀로로는 로켓과 함께 포비의 집 앞에 떨어지고 말았어요.
“아야······.”

그 모습을 보고 친구들이 모두 달려왔어요.
"뽀로로! 괜찮아?"

"하늘을 날고 싶었는데……."

"하늘을 날고 싶다고? 음…….
아! 뽀로로가 날 수 있는 방법이 떠올랐어."
"정말?"

포비는 뽀로로와 친구들을 데리고
바닷가로 갔어요.

"여기에서라면 너도 날 수 있을 거야.
뽀로로, 바다를 향해서 멋지게 뛰어 봐."
"응, 알았어."

이야압!

뽀로로는 힘껏 달려
세차게 날아올랐어요.

퍼
덩!

뽀로로가 바닷속으로
풍덩 떨어졌어요.

뽀로로는 조금씩
두 팔을 파닥였어요.
그러자…….

몸이 가벼워지면서
하늘을 나는 것처럼
둥실 떠올랐어요.

뽀로로는 예쁜 물고기 사이를 지나
살랑거리는 해초 사이를 헤엄쳤어요.
"하늘을 나는 것만큼 멋진걸?"
오늘 뽀로로는 바닷속을 하늘처럼 훨훨 날았답니다.